父母的趣味教养宝典

U0827294

别中了圈套！
——教养误区宝典

(塞尔维亚)Nevena Lovrinčević 著

杨改娇 译

哈爾濱工業大學出版社
HITP HARBIN INSTITUTE OF TECHNOLOGY PRESS

黑版贸审字08-2015-018号

图书在版编目（CIP）数据

别中了圈套！：教养误区宝典 /（塞尔）内韦娜(Nevena）著；杨改娇译. -- 哈尔滨：哈尔滨工业大学出版社，2015.6

（父母的趣味教养宝典）

ISBN 978-7-5603-5433-0

Ⅰ. ①别… Ⅱ. ①内… ②杨… Ⅲ. ①儿童教育—家庭教育 Ⅳ. ①G78

中国版本图书馆CIP数据核字(2015)第117418号

策划编辑 陈 洁
责任编辑 李广鑫
封面设计 刘长友
出版发行 哈尔滨工业大学出版社
社 址 哈尔滨市南岗区复华四道街10号 邮编 150006
传 真 0451-86414749
网 址 http://hitpress.hit.edu.cn
印 刷 哈尔滨市工大节能印刷厂
开 本 880mm×1230mm 1/32 印张3.125 字数54千字
版 次 2015年6月第1版 2015年6月第1次印刷
书 号 ISBN 978-7-5603-5433-0
定 价 18.00元

目录 CONTENTS

为人父母

想象一下，在10个参赛者中你被专家评审团选为“最糟糕的邻居”，你可能会不太高兴，但是你不会对此太担忧或是耿耿于怀超过一个小时。那假如评审团选定你为最糟糕的女儿、最糟糕的儿子或是最糟糕的伴侣，你又会怎么样呢？你肯定不会高兴，而且还会强迫自己做一些反思。

现在想象一下你被认为是“最糟糕的父母”……情况就又会完全不同了。你很可能会伤心难过、郁闷沮丧，甚至可能会对评审团愤怒不已，然后还会重新全面反思自己为人父母的各种所作所为。

的确，我们一生中所扮演的所有角色中，不管是认定的（比如女儿、儿子、兄弟姐妹等角色）还是选择的（比如伴侣、同事、父母等角色），父母几乎是我们所有人都投入感情和精力最多的一个角色，因为我们想要尽可能地成为最好的父母。

为人父母确实是最难的一项任务——下列事实可以为此证明：

- **熟练/精通测试**——一个根本不存在的测试。如果你正在考虑为人父母，或是担心自己还没准备好做父母，那你要知道这世上没有任何一种方法可以检验你是否有能力去为人父母（除非你自己有了孩子，你才能知道自己是否有能力去做父母）。

- **训练**——也不存在。除非你去参考你的长辈、邻居或是专家的建议。
- **工作时间**——一天24小时，一年365天不间断。你不能对一个凌晨两点因为口渴而醒来或是被噩梦惊醒的孩子说："不好意思，我上的是早班，现在不是我的工作时间！"
- **报酬**——不只是"少"或"不足"，而是压根就没有。而且你还很有可能会把赚的所有钱都花在孩子身上。
- **假期**——没有。当孩子生病或是做数学作业遇到问题时，你不可能对他说："不好意思，我正在休假。我的同事可以帮你！"

责任——无限大。如果孩子出现任何问题，受责备的人就是你；而看起来很正常的一切也都只是表面现象。

所以，为人父母容易吗？当然不容易了…… 为人父母可以很美妙、很重要、很有挑战性，也很有成就感，但它就是不容易。

如果孩子来到这个世界时就自带了一套使用说明，这套说明可以帮助我们解决那些我们不知该如何处理的问题，那么事情就会简单得多了。至少关于孩子的健康，我们没必要太担心，因为儿科医生会给我们提供关于孩子的营养、饮食、卫生、护肤及疫苗等各方面的建议。我们也能清楚地知道孩子在成长的过程中应该吃些什么，以及什么时候开始体育锻炼等方面的信息。此外，定期的健康检查能够让我们及时了解孩子骨骼、视力、听力等的发展状况。

那么关于孩子的情感发展呢？这里的情况就不是很乐观了，因为我们对应该做些什么及不应该做些什么知之甚少或是一无所知。我们貌似相信一切会顺其自然地发展，到时候我们自然就会知道该怎么做了。我们的大多数建议都是来自已经有过此经历且经验丰富的妈妈们。

我们手头的这本书有时候与其说是给我们提供建议，还不如说是让我们更加迷惑了。

有时候，理论知识是没什么用的。作为一个心理学专业的毕业生，我相信关于为人父母、管教孩子的事，几乎没有什么是我不知道的。当然了，目前我还没有孩子。事实证明：实践要比理论难得多（说起来容易，做起来难）。就像大多数父母一样，对好多情况我也是一头雾水、毫无头绪。

我们所需要的就是清楚明白的建议。

比如：当孩子哭的时候，应该把他抱起来吗？如果抱起来，要抱多久呢？这样会惯坏孩子吗？还是孩子需要父母这样的接触和拥抱？如果一个两岁的孩子闹脾气躺在地上打滚，应该怎么做？打他？从他身上跨过？还是装作视而不见？我们是应该跟孩子交谈还是应该惩罚他？孩子应该做家务吗？如果要做，是做什么样的家务呢？不同年龄的孩子适合做什么样的家务呢？我们是否应该帮助孩子做他们的家庭作业呢？如果要帮，那要帮多少呢？是要陪他一起，直到他完成作业，还是直接告诉他答案让他写下来？要不要给孩子请家教呢？从几岁开始请呢？如果孩子答应午夜之前回来（这还是经过长时间得商量才决定的，毕竟“大家都回来得比较晚！”），但却晚了一个小时才到家，我们应该怎么做呢？是跟他们交谈呢，还是惩罚他们，抑或直接忽略此事？

我们只是期望不用任何准备就能知道所有问题的答案。我们总是被期待做正确的决定——这个决定不是在经过讨论之后做出的，而是在半夜我们精疲力竭之时，在我们和另一半（也是精疲力竭）意见不合时，在我们的孩子无缘无故（既不是饿了，也不是需要换尿不湿）不停地哭泣时做出的。你一定遇到过下列的情况：你正在超市里，两只手满满的全是东西，而你的孩子却在这时候跟你闹脾气躺在地上打滚，周围一帮人在围观，其中当然也不乏有人热心地给你建议。我想你肯定会做出正确的决定。

写这本书的目的在于：让你从另一个不同的角度去看待养育孩子的各种不同的方法，从而使得为人父母对你来说显得容易一点，进而找到你可能会遇到的各种状况的解决方法。而这些方法对你和你的孩子来说都是很有益的。

父母的误区有哪些

误区就是在养育孩子的过程中我们作为父母所持有和采用的、通常不予重视但却能导致我们在养育孩子过程中出现偏差的观点。我们的意图基本上都是好的，但一旦用到孩子身上，其结果却不一定是好的。

误区通常反映了我们父母的教育方式，而我们通常是从自己父母那里学来这些——要不就是跟自己父母一样的教育方式，要不就是为了与自己父母有别而采取了另外一种完全不同的方式。有时候，我们也会从朋友、报纸或是书本上得到一些建议。这其中有些建议我们只会采用一时，有些我们却会采用一生。

而且误区通常不会单独出现，它们一般会很多一起出现。

为什么要讨论误区
（防患于未然）

原因很简单：误区必须要被认真对待，因为纠正它们并改变我们的行为和观点可以让我们成为更好的父母。

在抚育孩子的过程中，我们采用管教方法时遇到的最大难题就是：没有可靠的反馈信息能让我们知道我们所采用的方法是否有效。

为什么会如此呢？我们先来看下面的例子。

你认为孩子听话很重要。你也相信“省了棍子，只会惯坏孩子”，为此每次只要你认为有必要，你就会采用这种方法。而最后的结果也显示你是正确的，因为你的孩子很听话。你已经达成你的目标，而且没有出现任何问题，但真的是这样吗？

当你的孩子在青春期或是更早些的时候出现叛逆行为（缺乏纪律性、藐视权威、有暴力倾向），为了纠正孩子的行为你可能还会继续采用同样的策略。当然，这样只会加剧你的错误，并为孩子的发展及你们之间的关系奠定了不好的基础。

接下来我们看一个截然不同的管教方式：你太过关心孩子，以至于即使孩子很健康你还是会担心他的身体，以至于你几乎陪他做所有的作业，还把你所有的时间和精力都放在他身上，从来不为自己考虑。在给孩子设立规定和界限时，你会格外小心，唯恐他受到伤害。你觉得自己真是尽职尽责的父母。你的大部分时间都放在孩子身上，孩子也从来不告诉你你是否需要改变。几年以后，他们突然开始出现一些神经衰弱症状（比如焦虑、犹豫不决、紧张、害怕一切未知的东西等）。那时你肯定会既担忧又困惑。

属于上述情况的父母通常看不到他们的想法和方法与孩子的管教及其结果之间的关联性，而且还会时常无意识地把原本就很复杂的事情变得更加复杂。有时他们不愿承认问题的存在或是把问题最小化，抑或是将责任归咎于孩子：孩子的天性、他们的伙伴、社会、学校的老师……

养育孩子的过程中出现的最大难题就是：我们会持续犯错，却对此毫无察觉。

孩子出现的情感问题或反常行为一旦被认定已经发展成为问题，那么这些问题的解决比它们在早期就得到预防并且解决要困难得多；而早期的预防则可以通过改变对孩子的态度进而改变整个家庭成员之间的关系。

防患于未然这个原则的应用对孩子心理的健康和稳定比对他们身体的健康更重要。出于这个原因，反思可能会出现的错误和误区，可以使你有机会在孩子情感和社交发展出现问题之前及时地做出改变并将其制止。

误 区

婴儿哭的时候不要去抱他

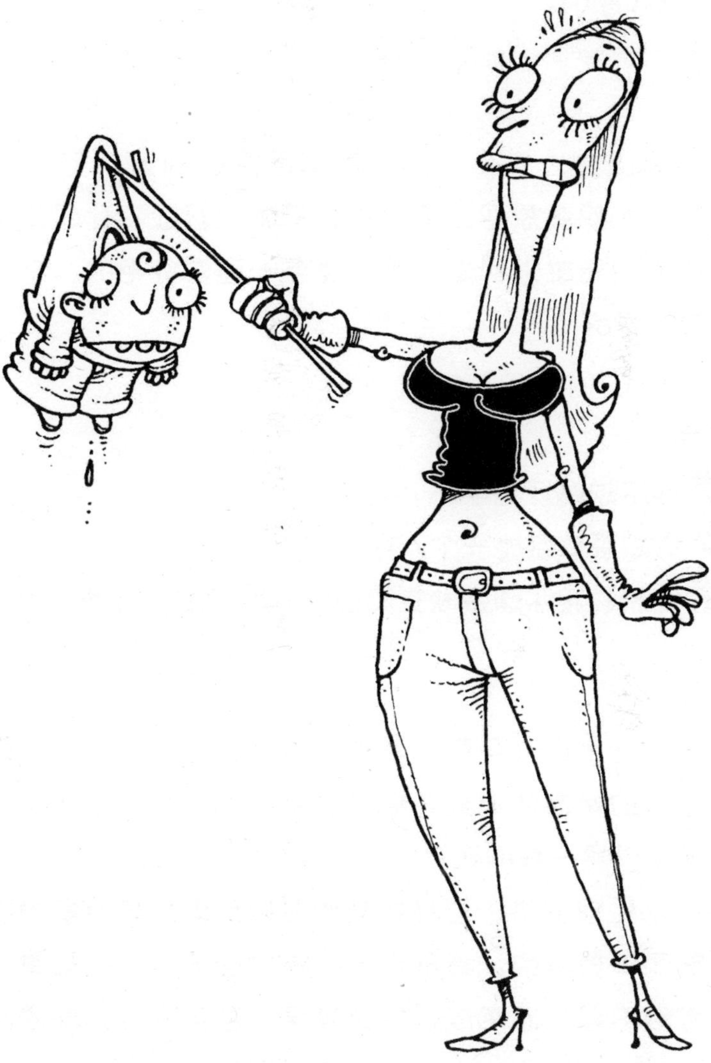

变体

- 婴儿想要被抱起来。
- 他们对周围的一切是有感觉的……如果你宠着他是会出问题的。

实例

简出生才5天，且刚刚从医院回到家。每次她一哭，她妈妈就想把她抱起来，但她爸爸却不让妈妈抱："不要抱着她来回走！以后她会一直要你抱的，这样会把她惯坏的！"

意图

- 你不想惯坏孩子。
- 你想要教会她一个人在摇篮里睡觉。
- 你想要孩子学会独立和自信，而不是过分地依赖你。

事实

为什么婴儿只要一被抱起来就会立刻停止哭泣呢？因为他们对身体接触和抚摸的需求跟他们在饥饿时对食物的需求是一样的强烈。

从生理上讲，婴儿对亲密接触的需求和对食物的需求是同等重要的。被剥夺了拥抱、爱抚、亲吻及其他身体接触的婴儿通常成长得比较慢，甚至还会出现健康问题。早产的婴儿或体重偏低的婴儿，如果大部分时间能由妈妈亲自照顾，那他们会成长得更快。

在情感方面，拥抱亲吻婴儿是必要的，这同时还能传达给孩子一种重要的信息："爸爸妈妈爱你，且会一直陪在你身边的。"能在很小的时候就从父母那里接收到这种信息的孩子，其情感的发展会相对顺利得多，而且他们还可以从容地去应对可能会出现的情感问题和反常行为。

然而，不仅仅是婴儿需要我们通过身体接触来表达对他们的爱。4岁、6岁、10岁甚至18岁的孩子同样也需要我们通过亲吻和拥抱来表达对他们的爱。你也许会觉得18岁的孩子已经长大了，所以不需要拥抱，那你就完全错了。青少年时常会对发生在他们身上的事感到困惑、迷茫（强烈的情感、争吵、易怒、与父母和同学的不合、在校的不良表现……）。而对此你也很有可能会感到困惑和担忧。除了跟孩子好好交谈外，你们有时甚至还会发生激烈的争吵，但不管怎样，都要记得抱抱他们。一个简单的拥抱就可以让你们彼此都冷静下来，还能让孩子感受到你的爱，让他知道你会一直陪在他身边。

这是个误区吗？

如果你把婴儿看成是个烫手山芋从而拒绝去抱他，如果你不敢拥抱或亲吻你的孩子——那你就正处在误区中。

孩子的行为表现

婴儿通常会表现为哭哭啼啼。而两三岁以上的孩子会表现为：自信心缺乏、极度害羞、胆怯和紧张。再稍长大一点，孩子则会变得优柔寡断，且过分依赖你。

可能的结果

- 在社交场合、在与同龄人和成人相处时，缺乏自信心。
- 缺乏自信心，且很难去适应具有挑战性的新环境，比如幼儿园、学校、环境的改变……
- 早期童年：孩子会很依赖你；青春期：急于想和你保持距离，你们彼此之间缺乏沟通和信任。
- 对他们周围的人缺乏辨别力，很容易就误入一些有问题的团体或组织；极度渴望得到他人的认可，即使要他们为此付出代价也无所谓。

走出误区

- 把婴儿抱起来、温柔地爱抚他，和他讲话，给他唱歌……
- 为了安抚婴儿，不要害怕把他抱起来。在孩子感觉害怕或难受时，你的怀抱对他们来说就是最好的疗伤剂。
- 在孩子因为摔倒、受伤或遇到问题而闷闷不乐时，

- 除了要和他们交谈或安慰他们外，还应该给他们一个亲吻和拥抱。
- 千万不要让孩子在你的怀里睡着，这会使他们养成不在你怀里就睡不着的坏习惯。在孩子昏昏欲睡或是完全清醒着的时候，就把他们放到婴儿床里。
- 时不时地拥抱和亲吻你的孩子，不管他们有多大，也无需任何特别的理由。如果你能经常这样做就更好了。
- 不要害怕拥抱、爱抚和亲吻孩子就会把他们惯坏。记住：多一点点的拥抱、爱抚和亲吻不会对任何人造成伤害。

让孩子尽管去哭

变体

他就是被我们给惯坏了……

- 他刚换上干的尿不湿，他吃饱了……他什么事都没有……所以不用管它，就让他哭吧！
- 哭泣有利于孩子肺部的发育。

实例

克里斯汀（3个月大）经常哭不停。她的父母认为她只是被惯坏了，只是在耍赖皮，原因是即使在她不需要换尿不湿，不需要喂奶时，她也会哭。

尼克三岁大了。他妈妈正在跟他外婆讲他是如何在理发店里大发脾气的，就因为他不想要剪头发——而且每次剪头发必须得有一个人紧紧按住他才行。其实，尼克的父母从来不告诉他何时出发去理发店，去理发店做什么，他对一切一无所知。

意图

- 你不想你的孩子被惯坏或很难管教。
- 你想要他们尽可能地少哭。

事实

婴儿向父母传达信息的唯一方式就是通过哭泣。

比较矛盾的是我们以为放任婴儿一直哭而不管，就会让他们学会不再哭泣，或尽量少哭；但事实证明结果正好相反：父母，尤其是妈妈，能越早地满足婴儿的需求，他们就能越快安静下来或停止哭泣，从而也就不会动不动就哭泣。

有时候你可能也会听到一些反例。你一定碰到过下面这种父母：为了让孩子习惯自己一个人睡觉，他们就把孩子放到离他们比较远的房间，且任凭孩子一整夜的哭而无动于衷。这解决了他们的失眠问题，对此我毫不怀疑。但我可以肯定的是他们同时也给自己和孩子带来了比失眠更严重的问题，而这些问题也许会在以后才显现出来。因为如果你任凭一个婴儿哭几个小时而不管，他不知道你是在隔壁房间呢还是出去了，也不知道你什么时候会进来，是5分钟之后，还是5个小时之后，还是永远都不会进来了。几个小时之后，如你所愿，婴儿确实停止了哭泣；但这不是因为他突然意识到自己不应该哭泣，而是因为他哭累了，因为他知道你不在他身边，因为你已经向他表明了他不能依赖你。这种做法不利于孩子的健康发展以及你们之间相互关系的建立，而这种相互关系将会成为孩子情感发展的基础。

多年的研究表明，在孩子还很小的时候，能够尽快满足孩子需求的父母（尤其是妈妈）会逐渐懂得孩子的语言，并能和孩子建立亲密的关系；这样的孩子就会慢慢学会不再哭泣，并成长为坚强自信的人。

对于年龄稍微大点的孩子，情况会有点不同。如果孩子因为受伤、害怕、羞愧、疲劳或不安等而哭泣时，可以采用跟婴儿同样的方法：找出他们哭泣的原因，然后给予他们安慰、拥抱、亲吻和支持。千万不要对他们不理不睬，更不要去批评指责他们。

但是也有许多2岁以上的孩子会在你给他立规矩（比如拒绝给他们买玩具、不许他们在饭前吃甜食，或不准他们看电视）时大哭不止，还时常跟你耍脾气。在这种情况下，不理会他们是向他们表明他们的行为是不可接受的最好方式。你可以采用以下的方法：孩子越胡闹或生气，你在不理会他们时就要表现得越镇定。当然了，有些重要的情况仅靠这一种方法是无法解决的。孩子需要明确地知道你期望他怎么做，而不是含含糊糊、一笔带过。例如在你去购物之前，你只告诉他“要听话哦！表现乖点！”显然是不行的，你得这样告诉他：“待会儿到了超市，不许到处乱跑，要紧紧跟在我身边；不要自己随便拿任何东西。我会告诉你哪些东西要放进购物车里，然后我们一起去拿。如果你表现好的话，买完东西我就给你买糖吃。”另外，遵守你对孩子的承诺也是很重要的。

在孩子哭闹时采取不理会的方法虽不能保证孩子以后就会表现乖巧听话，但这种方法的使用还是很必要的。当然，最糟糕的一种情况就是：只要孩子一哭闹或一耍脾气，父母就屈服妥协，然后满足孩子的要求。比如，由于你拒绝给你的孩子买糖果，他就躺在超市的地上打滚、大哭大喊。如果在你和他争论之后，你还是把糖果买给他了，就会让他觉得他可以从耍脾气中获益；那么就算他已经郑重答应你以后决不会再这样，下一次再碰到类似情况他还是会这样做。

遇到这种情况，父母就要果断采取不理会的方法。

这是个误区吗？

如果你认为放任婴儿一直啼哭而不管不顾就可以教会他以后不再哭泣，如果在孩子害怕、不安、担心或难受时，你试图通过批评指责、嘲弄和忽视来让孩子变坚强——那你就正处在误区中。

孩子的行为表现

孩子会动不动就哭泣，且十分依赖你；以后还可能很难去适应具有挑战性的新环境（幼儿园、看医生……）

可能的结果

学前阶段：孩子可能会爱哭、不安、羞怯、易怒。慢慢地会害怕与他人交流，不会表达自己的情感和亲密友善；青春期：一些孩子则会出现抑郁倾向。

走出误区

- 不要让新生的婴儿不停地啼哭。试着弄清楚他每次哭泣都是想要传达什么信息（我饿了，我困了，我无聊了，该换尿不湿了，把我抱起来，别理我，等等）。这些当然不会在一夜之间全都发生，但是只要你有心去满足婴儿的各种不同的需求，你就能很快掌握他们的语言。这样你和婴儿都会很开心，你们之间的关系会越来越好，婴儿啼哭的次数也会越来越少。
- 在孩子感到害怕、不安、难过、痛苦时，不管当时是什么样情况（看医生，第一天去幼儿园，剪头发，见到陌生人，摔倒了，弄疼自己了，生病了，害怕狗，要跟你分开……），都不要对孩子的哭泣不管不顾，更不要去责骂他们。而是要给予他们支持和理解，让困境变得相对容易一些。
- 对一些你认为孩子可能不愿意去做的事情，要让孩子提前有心理准备，并告诉他具体要怎么做，应该做些什么，再根据他的表现给他一些适当的奖励。不要以为不告诉孩子将要发生的事就能让事情顺利地解决掉。恰好相反：如果你欺骗孩子或对他们隐瞒他们将要面对的事，那一切都会变成问题，因为孩子将不再信任你。如果你要带孩子去打针，却告诉他只是让医生看看他的喉咙，那以后哪怕你只是要带他们去做检查，他们也会哭闹着不去。

- 一旦孩子平静下来或停止哭泣，你就要跟他好好分析他的表现，并根据他的年龄和他进行交谈，仔细听听孩子是怎么说的，然后根据需要给出你的解释。

- 当孩子因为受到你的限制或约束而哭闹、耍脾气时，你要保持冷静，不理会他就行。孩子越闹脾气，你就越要冷静。只要他一直哭，你就不要让他跟你讲话或做任何解释。如果有需要的话，可以采用“面壁思过”法，这是一种比较有效的管教方法。把胡闹或不听话的孩子关在房间里或房间的一角，且周围没有任何有趣的东西，让他独自待在那里直到他不再胡闹为止，但是在那里待的分钟数也不能超过他的年龄。比如，3岁的孩子面壁的时间最多3分钟，4岁的孩子最多4分钟，以此类推。如果有必要，把房间的门关上以防孩子逃跑，也防止你跟他讲话。采用“面壁思过”法并不是在惩罚孩子，而是在教会他什么样的行为是不恰当的，且这样的行为会产生什么样的后果。

- 不要用以下的言语去限制孩子哭泣的权利，“都这么大个姑娘了还哭”“真丢脸！”“真是个爱哭鬼！”“男儿有泪不轻弹！”。而是要从那些对孩子的行为指手画脚品头论足的人（邻居、路人、亲戚……）手中维护孩子哭泣的权利。这样会让你的孩子对你充满感激且心情愉悦。

让我们回想一下上述例子中提到过的孩子。

克里斯汀的父母应该知道婴儿的需求不仅仅是吃饭、喝水，而是比这要复杂得多。好消息是：为了照顾好孩子，父母不需要去考大学文凭。事情其实很简单，父母只需多关注婴儿的啼哭，尽快了解婴儿的语言，跟他讲话并拥抱他，这就能让他更开心，自然而然哭的次数就会变少。

回想一下尼克，如果你是他你会怎么做呢？你根本不知道等待你的会是什么，因为没有人会告诉你。你哭是因为你太小，所以你根本不知道会发生什么事……在你还没弄清楚状况之前，他们就强行把你按住，然后一个你不认识的人拿着剪刀或电动推子来给你理发。你只有3岁大。如果之前有人告诉尼克剪完头发之后他会显得更好看、更精神，而且理发师会用一种特殊的剪刀给他剪个和他哥哥一样的发型，这对他是很有帮助的。另外，如果父母提前带他到发廊去看其他孩子理发，或让他坐到椅子上玩一会儿，让他跟理发师说一会儿话，从理发师那里得到些糖果等等，这些都能让他放松。做这些可能得花长一点时间，但是却能彻底解决问题。采取强迫或回避的方法只会摧毁孩子的自信，使问题更加严重。

不打不成器

变体

- 我爸爸也经常打我，但是我也没什么问题呀！
- 我不经常打他……只有他该打的时候才打！
- 棍子不会对任何人造成任何伤害。

实例

安娜，4岁了。每次在院子里玩的时候，如果事情没按她的计划进行，她就推搡或打其他孩子，有时甚至会无缘无故打其他孩子。她妈妈对此一般都不大理会，但她一旦理会了，就对着安娜大吼，扯她的头发，偶尔还会打她巴掌或打她屁股，并不停地责骂她："我都告诉过你多少次了，不许和其他孩子打架！"后来她还说："我真的不知道该怎么办了……昨天她爸爸为此还狠狠打了她一顿，但她就是屡教不改……"

意图

- 你想要你的孩子听话。

事实

提到有效性，我们不得不承认体罚的有效性。这是可以理解的，因为如果你能通过鞭打教会狗熊骑自行车，那你肯定能教会孩子任何你想要教给他的东西。因为你比孩子要大，他知道自己要依赖于你；如果你惩罚他，他迟早会开始害怕你，然后为了避免受到惩罚，他会尽全力做好你期望他做的事情。

但是随着时间的推移，打孩子已经没什么用了。你需要更严厉的惩罚措施才能达到教育的效果。一个两岁的孩子，如果你打他屁股，他就乖乖听话，但如果是个7岁的孩子，光打屁股是不够的，你可能还会打他巴掌……若孩子进入青春期之后，你还继续使用这种教育方式，那你就会陷入虐待孩子的困境，而且这种教育方式会给孩子造成严重的心理创伤，并影响你们之间的关系。

我们几乎从不因为打孩子是正确的而去打孩子，我们经常那样做是因为我们很生气，我们打孩子其实是在发泄我们自己的愤怒。

如果连最轻微的掌掴孩子都不可以，我们又怎么能说打孩子已经成为一种固定的教育方式呢？在我看来，打孩子的确是属于虐待孩子的范畴，所以根本不可能是情有可原的。

除了用暴力解决问题外，体罚也是被法律禁止的。

除了学会听话外（通常也是你在场的话，孩子才会听话），挨了打的孩子还学会了其他的事：你可以打比你弱小或不听你话的人；当你不知道其他的解决办法时，打人是可以接受的；在某些特定情况下，如果你比较弱小或处于劣势（比如，你赚钱少，你做的饭很难把巧克力留到最后吃，你就会觉得饭更香。”或“你必须要把夹克穿上。外面正在下雨，你如果不穿的话会感冒的。”当然了，你也不能解释太多细节的事情，或让孩子就立规矩这件事跟你没完没了地讨价还价。

- 不要打婴儿或初学走路的孩子的手。因为孩子要用他们去探索周围的世界。通过其他的方式，而不是打孩子来照顾他们的安全。打手会严重打击他们的好奇心，同时还会影响他们人际关系和智力的发展。
- 对于五六岁的孩子来说，“面壁思过”要比体罚更好。对于再大点的孩子还可以通过剥夺他们的特权（比如玩电子游戏、外出游玩等）来惩罚他们。
- 避免前后不一致的行为。不要对同一种状况，一会儿采取不理会的态度，一会儿又生气抓狂。

仔细想想哪些状况能让你生气，以及什么时候你很有可能会忍不住打孩子。分析这些状况，然后试着预测和预防它们。

- 试着控制自己的愤怒——你虽然无法控制孩子的行为，但是你可以控制自己的行为。
- 你自己也可以使用“面壁思过”法。如果你觉得自己生气到快要控制不住要打孩子了，就赶紧离开孩子所在的房间去另外一个房间。

不想让孩子受挫

变体

- 我们不想给孩子设立任何规矩……我们不想让他沮丧、不开心。
- 我得再给我的女儿买个贵点的洋娃娃！其他的女孩子都有，我不想我的女儿受伤难过。
- 我告诉我4岁的女儿什么是对的，什么是错的，然后由她自己决定该怎么做。
- 我的儿子（3岁）想要吃什么都由他自己选择。我不想强迫他做任何事情。

实例

艾利克斯（2岁半）每次都要自己选择早餐吃什么。起先他想要吃鸡蛋，在他妈妈把鸡蛋煎好之后，他又改变主意想要吃香肠，可是香肠也只咬了一小口，而到了最后他还是吃饼干喝牛奶。

拥有很多洋娃娃是一种流行。妈妈又给萨利（9岁）买了一个洋娃娃，而这个洋娃娃几乎花掉了她微薄工资的一大半。对此，她给自己的解释是："所有的女孩子都有不止一个洋娃娃，如果萨利只有一个的话，她会伤心难过的。"

意图

- 你不想你的孩子受伤害。

你不想给孩子任何限制和束缚。

事实

不管你信不信，父母最重要的任务之一就是让孩子受挫。

通过逐渐提升孩子对挫折的承受力，我们可以不断磨砺和增强孩子的个性，并使他们能更好地适应今后在家庭、学校、工作和婚姻中遇到的人际关系问题。当然，这并不是件随意的事情，也不是你的一时兴起或孩子的一时兴起。

频繁的使用类似创伤、受挫这样的词本来可以说是心理学的普及和大众化，但结果到了孩子这里却变成了完全不同的事情。如果你不满足孩子所有的愿望，如果你对他们大喊大叫或给他们设立规矩和限制，你就会被认为是剥夺了他们的自由或让他们受挫。

如果你过分保护孩子，不让他们去经历他们应该经历的事情，但他们迟早会面对这些事情，到时他们很可能会手足无措。他们要不无法以适当的方式去处理碰到的状况，要不就感觉自己好像已经筋疲力尽。生活中你可能碰到过这样的人：即使最简单的事情对于他们来说也显得很困难、很累人。就连按时上班他们都无法做到，还整天因为要接送孩子、做家务或工作等而唉声叹气，连连抱怨。只要一涉及责任和义务，他们就退缩了，而只有自我的满足才能让他们开心。

你自己很清楚地知道生活从来不是一帆风顺的，所以让你的孩子做好面对暴风雨的准备。

这是个误区吗？

有没有一些日常的状况对你是个负担，所以你不想要你的孩子去面对它们？

- 如果不给她买洋娃娃你会觉得心里过意不去吗？
- 孩子胡闹不听话时让他面壁思过会给他造成心灵的创伤吗？
- 要求孩子行为得体会让他受伤害吗？
- 要求孩子倒垃圾、整理床铺、收拾玩具、跑腿买东西、照看弟弟……会让孩子受伤吗？

如果你经常问自己日常的活动对你的孩子来说是否是个负担，然后不让孩子去面对那些——那你正处在误区之中。

孩子的行为表现

孩子被惯坏了。如果得不到他们想要的东西，就胡乱发脾气，难以接受自己的需求不被立刻满足。和其他孩子相处时会感到不安，比较任性，缺乏独立性。

可能的结果

- 完全无法应对和处理日常生活中出现的状况，和同龄人相处不来，缺乏忍耐力和承受力，以自我为中心，藐视权威，工作习惯不好、无法控制自己的脾气（易冲动、暴躁、易愤怒等），缺乏独立自主性，逃避和推卸责任（总是把责任推卸给他人：老师、朋友、父母……）

走出误区

- 不要把日常生活中的状况神秘复杂化。不要过分保护孩子，不让他们去经历他们应该经历的事情。
从孩子1岁开始就教他行为要得体。孩子应该要学会说“谢谢、请、打扰了……”这些基本的礼貌用语。根据年龄调整对孩子的期望。1岁的孩子虽然什么都不懂，但慢慢长大之后他就会懂的。3到4岁的孩子要逐渐培养他们的耐心。4到5岁的孩子，在跟大人谈话时不要让他一个人一直说，不要让他随便就打断你。
- 逐渐提升孩子对挫折的承受力。婴儿饿了要及时喂他吃饭，且不要让他一直哭个不停。但一个2岁的孩子，你就可以告诉他饭前不可以吃巧克力，饭后才可以。一个4岁的孩子，如果他伤害了某人，你就应该要求他去道歉；你还可以要求他收拾玩过的玩具，或帮你摆碗筷。一个8岁的孩子，你就可以让他去倒垃圾。一个10岁的孩子，你就可以让他出去跑腿。一个12岁的孩子，你可以让他洗碗或照顾弟弟妹妹……

作为父母，给孩子立规矩是你的任务。为了不限制和约束孩子，就让2至5岁的孩子自己决定穿什么、吃什么、怎么表现是十分不合适的。如果你的女儿在一月中旬的时候选了一件夏天穿的裙子，或你的儿子一天之内第三次向你要爆米花吃，你会怎么做呢？你能做的就是给孩子提供一些选择："你想穿蓝色的毛衣还是红色的？"或"你早餐想吃鸡蛋还是香肠？"

及时纠正孩子不得体的行为，不要为他们找类似下面的借口："他太活跃了"或"她精力太充沛了，我也没办法"。让五六岁以上的孩子自己决定该如何表现，以及该遵守什么规矩不是在给他们自由。你这样只会给他们造成困惑和伤害。你没必要允许一个十四五岁的孩子自己决定晚上什么时候回家或对他们的请求心软："但是大家都待到凌晨两点才回家！"认真跟孩子沟通交流，仔细听听他们想要说的，表明你的立场，达成约定，并确保约定被遵守。

除了学校的责任之外，孩子也应该根据自己的年龄承担相应的家庭责任。比如，他们可以摆餐具、洗碗、跑腿、整理房间等。

表扬孩子的每一点进步。“做得好！谢谢你帮我！”即使他们碗洗得不是很干净，也不要说出来，因为他们还有充足的时间去慢慢进步和改变。

回顾一下之前的例子。萨利肯定不会因为她妈妈没给她买洋娃娃，心灵就受到创伤。对此她可能会不开心，但是拒绝孩子不切实际的要求并不会让她的心灵受到创伤。

你可以跟孩子解释她想要买的那个洋娃娃很贵。如果她的朋友嘲笑她，告诉你的女儿那样的朋友不能算是真正的朋友。对于这样的解释，萨利肯定不会像得到洋娃娃一样开心满意，但是通过这种方式你告诉她一些比较接近事实的东西，而真正的事实你还不想要她去面对。

虽然被给予了选择吃什么的自由，但是艾利克斯却更加困惑。为了孩子能有足够的自由去做决定并且能做出合适的选择，你就需要这样问他：“你想要吃炒蛋还是三明治？”

这只是孩子必经的一个阶段

变体

- 这些都只是青春期的孩子会有的表现……只希望他不嗑药、不吸毒就好……
- 他正处在霸道挑衅阶段，总喜欢到处打架。
- 他只是处在一个大家都一觉睡到中午的阶段。

实例

尼克，3岁半，在玩的时候总是无缘无故就去打其他的孩子。他的妈妈对此要么采取不理会的态度，要么就表现得优柔寡断，还辩解说："他只是处在一个霸道挑衅的阶段。"

琼，15岁了。她从来都不信守对父母的承诺，而且经常比规定的时间晚到家，还时常旷课，因此成绩一落千丈……她顶撞父母，拒绝跟他们交谈。她的父母渐渐地便不再坚持要她遵守约定，还说："她正处在青春叛逆期……这个阶段只是暂时的，会过去的……一切都会好起来的！只要她不吸毒，一切就都没问题……"

意图

- 你想支持并理解你的孩子。

事实

情感的发展不是一个直线式的过程，而是一个阶段性的发展过程。

孩子的某些行为表现只有在特定的发展阶段才会出现。比如，我们最熟知的青春期，这个时期内孩子会经历巨大的生理变化，同时还会经历剧烈明显的情感变化。

那我们是如何陷入误区的呢？尽管我们很困惑很担忧，但我们还是得面对一个不同的孩子，对此，我们不是重新思考我们自己的观点和管教方法，而是逃避问题，并希望事情能自己解决。频繁地使用“这只是阶段性的”表明我们认为自己应该做些什么，却不知道究竟该做些什么。或许事情能自行解决，因为以前比这更剧烈的情感发展阶段都那样过去了。但是，有些变化是不会像那样就过去的，如果你忽视了这些变化，问题就会变得更严重。假如你总是用“这只是阶段性的”话来安慰自己，来逃避问题，那就会错过用最有效、最容易的方法来帮助孩子度过一个发展阶段从而进入到下一个发展阶段的最佳机会。

这是个误区吗？

如果你忍受孩子一些明显的反常行为和表现，如果你不去分析这些反常表现发生的原因及其产生的后果，如果你倾向于认为你孩子的反常行为是他这个年龄段的孩子都会有的——那你正处在误区之中。

孩子的行为表现

孩子表现出各种反常的行为（争强好胜、霸道、易怒、沉默寡言、突然大哭……）。如果这些行为持续的时间较长，如果这些行为很极端，如果这些行为让你很担忧，不要害怕去向心理学家或精神病专家寻求帮助。

可能的结果

- 可能会出现以下的结果：神经衰弱（精神萎靡不振、忧虑、不安、紧张……），行为问题（易怒、冲动、争强好胜……），无法正常地交际（沉默寡言、争强好胜、无法选择交往的人群……），上瘾疾病（酗酒、吸毒……）

走出误区

- 睁大你的眼睛，仔细观察发生在孩子身上的改变。如果孩子表现出你不赞成或你比较担心的行为时，不要安慰自己说："这些行为是他那个年龄段的孩子都会有的行为，对他们这一代人来说这些都是再正常不过了。"
- 不要害怕跟幼儿园或中学老师沟通交流，如果你认为他们可能知道孩子反常行为的原因。孩子，尤其是比较小的孩子，通常不知道怎么把特定的事件和他们的感受联系起来，也不知道该怎么告诉你。这不是因为他们不信任你，而是在那个年龄，孩子一般还没有那种口头表达的能力。

- 多跟老师沟通交流，听听他们对孩子的看法。他们是站在不同的角度，在不同的环境下对孩子进行观察，所以他们的看法很具有参考价值。虚心接受老师对孩子的评价，即使他们的评价和你的不一致。然后仔细想想你所听到的关于孩子的所有事。
- 跟孩子保持亲近。不管孩子多大了，都要培养你们对彼此的信任。如果他们知道在遇到问题时，可以依赖你，可以信任你，可以跟你谈心，那你已经成功了一大半。
- 从很小的时候开始就要帮助孩子对自己的需求和情感有所意识。可以先问问他们饿不饿，热不热，冷不冷；问他们为什么喜欢和这个朋友一起玩，而不喜欢和另外一个朋友玩；问他们喜欢什么，害怕什么，或什么会让他们生气……做这些主要是为了鼓励他们去认识自己的需求和感受。孩子（也包括青少年和成人）对自己了解得越多，就越能从容地度过人生中比较艰难、比较具有挑战性的阶段。

让我们看看这个建议如何被运用到实践中去。我们假定尼克确实处在霸道排衅阶段。但这并不意味着他的妈妈就可以放手不管，反而更应该积极地去干预。也就是说，每次只要尼克打了其他孩子，他的父母就应该立刻告诉他："你这样做是不对的。你打了鲍勃，他会痛的。如果你要再继续这样，我们就马上回家去。"尼克的妈妈应该马上回家然后让尼克面壁思过。此外，父母也要考虑尼克的这种行为（不管是在家，在幼儿园还是跟同龄人相处）是否有什么特别的原因，并帮助他解决问题。有时候，孩子会表现出挑衅的行为是因为他觉得自己被忽视了，如果是这样，那尼克的父母就应该多花点时间去陪陪尼克，跟他一起玩游戏、读书、说话。

同样的问题出现在青少年身上，解决起来却会复杂得多。在琼的例子中，琼的父母不应该认为"这只是青春期的正常行为"从而对此不管不顾，而应该花更多的时间和精力去解决问题。青少年总想着要打破约束和限制，所以父母更不应该轻易妥协放弃，容忍孩子的这种行为。正如孩子的目的是打破规矩，而父母的任务就是立规矩。当然了，这其中会有说教、亲密和信赖，有时也会有冲突。这种方法比逃避和用"这只是青春期的正常行为"做借口对父母的要求更高，它需要你每天的参与和投入，但它同时也是唯一比较有用的方法。

我是孩子最好的朋友

变体

- 我的女儿没什么秘密瞒着我……她什么事都会告诉我——我们就像是闺蜜。
- 我跟我儿子之间的关系就像是朋友一样。

实例

马克，7岁了。他的妈妈描述他们之间的关系是既紧张又不令人满意，因为马克比较淘气不听话、蛮横骄纵，有时甚至还会使劲推她，对她所说的话和她提的要求采取抵抗的态度。

但另一方面，马克跟爸爸的关系与他跟妈妈的关系就完全不同——他们之间非常亲密，还时常一起玩游戏、一起大笑。爸爸说他和马克就像是朋友一样，这使得妈妈更加强烈地感觉到自己好像被排除在外。

意图

- 你想要跟孩子保持亲近，希望他们可以信任你，对你吐露心声。

事实

朋友之间的关系是同辈之间的关系。

你不会告诉你的朋友他饭前不可以吃巧克力，他应该整理他的房间，或他应该去倒垃圾，但是你却可以告诉你的孩子这些事。另一方面，朋友是会把他的车借给你的人，朋友是在你跟另一半吵架闹矛盾时可以随时倾吐的对象。但你却不可能跟你的孩子有这种关系，即使是在他们成人之后。

随着孩子慢慢长大，在他们以后的人生中，他们会遇到一些朋友同时也会失去一些朋友，这些朋友会成为他们人生中极其重要的一部分，而且如果他们觉得适合的话，还可能会和其中的有些人结成姻亲。

至于父母，每个孩子都只有一对父母。出于这个原因，你们之间的关系就只能是父母和孩子的关系。当然了，随着时间的流逝，这种关系可能会有所发展，但是你作为父母的角色却是独一无二、无法改变的，所以你也不应该试图去改变它。

你为了成为好父母所做的努力并不一定能让你成为全世界孩子最喜欢的人（至少不总是最喜欢的人），而成为好父母并不意味着你就一定要成为最受欢迎的人。为了教育好孩子，父母必须成为这一揽子计划中的一部分——包括对孩子无条件的爱，同时还包括你给孩子所立的规矩和提出的要求。通过这种方式，你可以帮助孩子成为更加成熟的人。然而，在一些家庭里，父母一个负责唱红脸，一个负责唱白脸—— 一个负责定约束、立规矩，而另一个则不喜欢这个角色，选择站在孩子这边，跟孩子成为好朋友。通常那个“好父母”还会跟孩子联合起来共同对付所谓的“坏父母”，这就使得家里出现角色互换，并因此对孩子的将来产生不好的影响。

或许你认为只要孩子跟你之间没有任何秘密，那你们之间就很亲近。但事实却不是这样的。孩子拥有一些只能跟同龄人分享的秘密是很正常的事情，而你也没必要为此担忧。同样，也不要像好朋友一样通过知道孩子所有的秘密而试图去控制他们。如果孩子一旦知道你不会喜欢某些事情，他们就总能找到方法去隐瞒真相。如果你逼得孩子不得不说谎，因为他们不能把什么都告诉你，那你就正在将你们的关系复杂化，并让孩子越来越疏远你，而不是越来越亲近你。

这是个误区吗?

如果你发现你的孩子很难有秘密；如果你跟孩子及他的朋友们坐在一起，并试图成为他们中的一员，而不只是给他们送来饼干和果汁，跟他们说笑几句然后就离开；如果你觉得很难给你的孩子立规矩；如果你一直说自己是孩子最好的朋友——那你正处在误区之中。

孩子的行为表现

直到青春期之前孩子都会特别依赖父母，他们不自立且很顺从听话；随后，他们要么就会反抗叛逆，要么就还是很依赖父母，听父母的话。他们无法接受约束和限制，并把这些当成是对他们的拒绝；在跟同龄人相处时他们会感到不安和恐慌。

可能的结果

- 可能会出现以下的结果：情感和社交的不成熟；缺乏独立性；跟同龄人相处不来，随后还可能跟伴侣相处不来（表现为被动、依赖、不安……）。

走出误区

- 在孩子不在场的情况下，和另一半沟通协商你的管教方法，然后按照协商好的方法行事，并给予彼此支持。避免出现一个扮演“坏父母”，一个扮演“好父母”，双方处于敌对的状况。不要想着要成为孩子最好的朋友。
- 不要把你所有的时间和精力都放在孩子身上。给孩子足够的空间与时间去和其他人（祖父祖母、姑姑阿姨、邻居、朋友……）建立亲密关系。你自己也要这样去做——跟亲人和朋友保持亲密关系。
- 要能够包容孩子有自己秘密及不同于你的兴趣爱好的权利。不要非得知道孩子的一切事情。

在我们举的例子中，马克家里的状况比较清楚明了。马克的爸爸负责娱乐和游戏。他和马克是朋友。而妈妈则负责虽不愉快但很必要的立规矩部分——自己铺床、多吃蔬菜、不许打弟弟、做作业、不许看电视。这样自然就不难猜测马克会倾向于哪边了。在这样一种父母责任严重分配不均的状况下，马克跟爸爸的关系就比较友好轻松，而跟妈妈的关系则比较紧张。让马克的爸爸接受他是孩子的父母而不是孩子的朋友，因此他也应该给孩子设立约束和限制。一旦他承担了他的那部分责任，马克的妈妈就会有更多的机会放松自己，有更多的时间陪马克，从而改善她和马克之间的关系。

你是最棒的

变体

- 你是他们之中最漂亮的。
- 你是你们班里最聪明的。
- 我的儿子真是个大帅哥。
- 我的女儿绝对是个天才。

实例

丹尼尔，4岁了，一个月前他开始和一群4到11岁的孩子一起上空手道课。他们的进步可以从他们腰间所系腰带的颜色看出来。丹尼尔和其他两个初学者系的是白色的腰带。每次训练结束后，丹尼尔的妈妈都会告诉他："你是最棒的！"如果她忘了这样说，丹尼尔就会问她："我是最棒的，难道不是吗？"她妈妈于是确认说他是最棒的。然而每次当老师要他纠正自己的姿势动作或班里有人比他表现得更好时，问题就会出现。丹尼尔时常会哭着结束训练，然后他妈妈就会安慰他说："没关系的，下次你一定会是最棒的！"

意图

- 你想要你的孩子对他自己充满信心，并给他提供帮助。
  你想要你的孩子获得成功。

事实

“更好……最好……”作为社会的人，我们喜欢拿自己和别人作比较是很正常的。就像其他事情一样，比较也有个尺度问题。如果比较的目的是为了促进良性竞争，那把自己和他人作比较是完全可以接受的。但如果做得太过了，比较就会转变成嫉妒和自私自利、以自我为中心，这会给孩子及其周围的人造成负担。你努力想要让孩子对他自己充满信心，这种做法是可以理解的。但是不停地拿你的孩子去跟其他孩子比较或不断地让孩子坚信他是最棒的，真的能增强孩子的自信吗?

如果你不停地告诉孩子他们是最美的、最聪明的、最棒的……你很有可能正在给他们造成伤害。迟早他们得去面对自己不是最美的、最聪明的、最棒的这个事实。另一方面，如果一个孩子想要以这种方式成为一群同龄人中最棒的，他就会发现自己很难跟其他人友好地相处，而跟其他人的友好关系在孩子成长的过程中会变得越来越重要。即使某个孩子是他们班里最棒的，但一直强调这点将会让他成为班里最不招人喜欢、最不受欢迎的人，这对他来说弊远远大于利。更糟糕的是，对于决心要做到最好的孩子来说，除了“A”以外的任何分数都会让他们受伤。不完美是人生的一部分，所以我们要习惯它们。

这是个误区吗？

- 你时常向别人夸赞你的孩子，甚至是向你不怎么熟识的人。
- 你夸大你孩子的成绩和能力（“她的老师说她从来没见过这么聪明的学生”或“钢琴老师说他从没有遇到过如此有天赋的孩子！”）
- 如果你的孩子在某些领域不是最棒的，你会批评指责他并拿他跟其他人相比（告诉他谁比他更好，谁比他成绩更高……）。
- 如果孩子的成绩没达到你的期望值，你会忽视孩子所取得的成绩（用严厉的眼神瞪着他同时说到：“这不是我所期望的成绩……”）。
- 成为一般或普通对你来说就像是有缺点和不足。

如果你发现自己有以上例子中的任何一种行为——那你正处在误区之中。

孩子的行为表现

被宠坏了、不安、寻求关注、跟同龄人相处不来（他们要求别人无条件地接受和认可，他们无法忍受批评，他们想要成为主导……），如果不是被关注的焦点，他们就会拼尽全力去成为焦点。每一次的失败（事实上只要没有做到最好）都会严重打击到他们，他们很难去适应新环境，在新环境中或跟同龄人相处时会感到不安，他们性格孤僻，但非常有责任心，非常冷静。

可能的结果

- 可能会出现以下的结果：情感和社交能力的不成熟；出现神经衰弱的症状（精神萎靡不振、头疼、恶心、眩晕……）；人际关系差——跟同龄人相处不来、不安、以自我为中心、自私自利、嫉妒。

走出误区

- 仔细想想你对普通人的看法以及你为什么那样做。我们要求孩子成为最棒的人通常反映了我们自己内心的不安，同时也反映了我们想通过孩子的成功获得别人认可和赞扬的渴望。
- 教会孩子从容地去接受所有不愉快的结果（因为我们不可能永远是赢家）。
- 鼓励孩子要跟同龄人互帮互助（比如，互相帮助完成作业），而不是把他们当成对手一直跟他们竞争。
- 如果你的孩子总是嘲笑不如他们的人，不要对此不管不顾，而是要跟孩子认真地沟通交谈，并着重强调其他孩子具有的优点和才能。
- 支持孩子。让他们知道你爱他们，且他们不需要通过成功或是成为最棒的人来获得你的爱。

在丹尼尔的例子中，在一个大部分孩子都比他更有能力的环境里，就不要告诉他“他是最棒的”，反而下面的说法会更合适：“太棒了！你那个动作做得非常好，比上周好多了。我很为你骄傲！”

本来可以更好的……你不能那样做

变体

- 等一下，你一个人做不来……我来帮你。
- 把手给我……你可真笨！
- 你一定要有大学文凭。
- 你一定会是个好司机。
- 你就是个没前途的厨师。

实例

保尔，3岁了，正准备爬楼梯。像往常一样，他妈妈立刻跑过来帮他："小心别摔倒了！你怎么就这么笨呢！"

朱莉（35岁）在和父母一起住了几年之后，最近刚刚和她的丈夫及孩子搬到他们的新公寓里。她的妈妈是个高级厨师，而她顶多算是个学徒，她妈妈曾委托她做的最重要的事就是打蛋清……朱莉打电话问她妈妈如何做蛋糕，她妈妈却对她说："你做不来蛋糕的！"

事实

跟一个总是对你的行为不满或指手画脚品头论足的人在一起肯定不好受。

想象一下，每次你准备开始工作，你的老板就对你说："我不相信你能做好它……"或"等一下，先别开始，我得过来帮你……"或"让我给你说明一下你应该要怎么做”；或者在你完成工作以后，他会详细列出哪些地方你本可以或本应该能做得更好的……我敢肯定过不了多久，你就会失去做任何事情的信心和欲望，不管之前你多么有热情，多么有能力和意愿去做某事。

对你来说，其实最好的办法就是换份工作（或换个老板）。

但是，你的孩子却不能换掉他们的老板，也就是你。这就意味着你必须重新思考你对孩子的态度：也许你认为批评孩子是为了他们好，批评能让他们变坚强。可事实并非如此……

一个人潜能的全面开发以及跟同龄人相处时的自我实现需要很强的自信心。帮助孩子建立自信心的最佳方式就是全力支持他们参与的各种不同的活动（当然，前提是要保证他们的安全），比如：登山、跑步、各种家务劳动、画画、和其他孩子玩耍、游泳、唱歌……你的参与、鼓励和支持会增加孩子成功的概率，并能增强他们的自信心。当然，这并不意味着你不应该给孩子提任何的建议或帮助他们把事情做得更好、更有效率。但在任何情况下，批评都要慎重，要给孩子多一点的鼓励和支持。

一个8岁的孩子第一次洗碗，你对他这样的评论：“谢谢！你做得非常好，真是帮了我很大一个忙！”就肯定会比如下的评论“表现不错……但是你看看你把水洒得满地都是，而且碗筷也没怎么洗干净……以后要做得更好”更有效、更鼓舞人。尽管在孩子学习掌握各种技能（从骑车、游泳到如何跟同龄人和权威人士相处）的过程中，父母通过不断纠正他们、给他们提供更好的解决办法来指导他们，但是父母应该要知道在这个过程中，赞扬其实也是最强有力的工具之一。批评（你可真是笨呢，你真是死皮赖脸，你真懒，你脾气可真暴躁）会打击孩子的自信心以及他们做事的热情。对于孩子好的表现，如果在批评的同时也能给予赞扬，事情将会出现新的转机，孩子将会愿意再次做某件事并尽力把它做得更成功。这不正是你想要的结果吗？

这是个误区吗？

如果你经常批评孩子，如果你担心表扬孩子只会惯坏他们，如果你时常纠正孩子的行为（你从来不满意孩子的任何行为，并认为这是为了孩子好），如果你主动替孩子做某事因为你认为这样会更好，如果你总是替孩子解决一切事情，不管孩子有没有征询你的意见——那你正处在误区之中。

孩子的行为表现

孩子会觉得不安，缺乏独立性，时常寻求你的支持和赞扬，会焦虑紧张，咬指甲，消化不良，害怕未知陌

我只是想要给你最好的……
你应该要……

变体

- 你应该再带一件毛衣。
- 你应该去学医。
- 你应该结婚。
- 你不应该嫁给他。
- 你应该生孩子。
- 你不应该那样抚养孩子。
- 你应该跟你丈夫离婚。

实例

凯萨琳，3岁了，是个单亲家庭的孩子。她的妈妈就经常说："我以后一定要告诉凯萨琳绝对不要结婚。婚姻是可以逃避的。结婚也是个过时落伍的惯例了。大多数的动物都是由雌性独自养育它们的后代。"

罗伯特（22岁）正在为他的暑期旅行打包行李。他的爸爸站在一边手里拿着一个清单，上面详细罗列着罗伯特在离开之前必须要做的事以及他要随身携带的物品。在罗伯特说了不用管我之后，他的爸爸有点不高兴地说到："所以我什么都不能说了？！"

意图

- 你想要帮助孩子。
- 你想要你的孩子尽量不犯错误。

你想要你的孩子成功。

事实

在教育孩子的过程中，告诉他们“应该做什么，不应该做什么”是不可省略的一部分。

在孩子成长的过程中，你会无数次对他们重复以下的话：“在收到礼物的时候要说‘谢谢’”“你不可以长时间地看电视”“要多吃蔬菜”“过马路之前一定要左右看看”或“不能随便拿陌生人的任何东西”…… 除了其他的教育方式之外，没有人可以否认这种方式的不可忽略性，而且它也是我们帮助孩子培养个性，并让他学会交际的一种方式。

如果告诉孩子这类“应该做什么、不应该做什么”的事情是必要的，为什么还会产生误区呢？

因为我们有时候会忽视孩子的年龄或插手一些我们本不该插手的事情。父母不想孩子犯一些他们自己曾经犯过的错误，或无意识地把他们自己的兴趣愿望和理想抱负强加到孩子身上。当父母在这方面做得太过或无法停下来时，问题就会出现。总是告诉孩子应该做什么、不应该做什么的父母通常对孩子的事很积极上心，且一切都是为孩子的幸福着想。这就使得这个误区相对于其他的误区更加难以察觉。

认识到体罚是一种不科学的教育方式比放弃对孩子

生活各个方面的干预和建议要容易得多。不停地给孩子意见和建议通常比打孩子还要更显出父母的霸道。霸道不仅仅表现为打孩子，还表现为我们坚持让孩子在合唱团里唱歌（尽管孩子对此并不热衷），就因为我们自己过去曾在合唱团里待过或曾经想过要加入合唱团；或表现为由于我们的自负就强迫孩子去学芭蕾或外语；或是逼迫孩子去跟我们看中的人约会甚至是结婚；或逼迫孩子去选择我们认为合适的职业……总之，有无数种可能性。有时候我们很难意识到自己正在做的事，因为我们有很好的借口做掩盖：“这都是为了你好！”或“我只是想要给你最好的！”

陷入这个误区的父母时常想要所有人（不仅仅是孩子，还有他们的另一半）都处在他们的控制之下，他们对孩子的所有事情都了如指掌并清楚地知道所碰到的每种状况的解决办法。想要控制他人的问题不是一个简单的问题，而对受控制的人来说尤其显得艰难。出于这个原因，作为父母，应该要帮助孩子培养他们自己的控制机制（孩子自己辨别哪些情况是适宜的，哪些不是，然后自己做选择），从而逐渐取代他人的控制（你熟知孩子的一切活动，并给他们提供现成的解决办法）。

这不是个一夕之间就能完成的过程，但它却是孩子发展成熟个性所必经的一个过程。

有些人可能会说他们所想要的只不过是不希望孩子

去犯他们自己曾经犯过的错误。我们当然应该跟孩子交流我们的经验。但我们不可能保证他们一生中不犯任何错误，不做任何错误选择。在人生的后半段，我们之前所犯的错和所做的错误选择使我们变得更理智，经验更丰富，同时也让我们学会了如何去做更好的选择，对于我们的孩子来说也是这样。鉴于此，我们必须要允许他们自己去做选择，有时候甚至要允许他们去犯错。

这是个误区吗？

如果你自信自己可以帮身边的人（不管他们是5岁还是55岁）解决他们在实现自我的过程中遇到的大多数问题；如果你喜欢给别人建议（即使没人想要听）；如果你经常说："我这样说也是为了你好……"或"你的意思是我什么都不应该说了吗？"——那你正处在误区之中。

孩子的行为表现

在孩子还小的时候，会感到不安，过分依赖你，不独立，做什么事都需要你的批准和支持。到了青春期或是之后他们会比较被动，不独立，容易受父母的影响；或叛逆冲动，公开顶撞父母，和父母无法沟通，彼此冲突不断。

可能的结果

- 可能会出现以下的结果：情感和社交能力的不成熟；被动，依赖他人，不安，不善于人际交往，精神萎靡不振，焦虑，抑郁。

走出误区

- 尝试了解你给建议的范围和区域。要考虑到你所建议的对象（孩子或另一半）的年龄。告诉一个五岁的孩子要多吃蔬菜是完全可以的，但是对一个25的人（尽管他也是你的孩子）还这样说就不太合适了。
- 对于十几岁的青少年，不管他们是不是你的孩子，也不管你是不是为了他们好，他们不向你寻求帮助，你就不要随便给他们建议。
- 不要把他人实现自我的事情当成是你自己的事情，除非他们真是你的事。（有人有鼻窦炎，你马上就说："我认识一个很棒的医生。他们很可能会给你做各种检查。我等会儿把他的电话号码给你。你最好马上给他打个电话。如果你需要的话我也可以陪你一块儿去……"）
- 多跟孩子交谈，仔细倾听孩子的心声，然后认真反思你所听到的内容。喜欢给建议的人相比于倾听他人的心声，更乐意倾听他们自己的心声。这其实不利于父母与孩子之间关系的建立。

对于过了青春期的孩子，如果你总是用会激起他们抵触情绪的事情（比如他们应该吃什么、穿什么或旅行应该带什么，他们应该如何晾衣服，等等）来烦扰他们，他们很有可能就会没心情去听你有关他们未来职业选择、如何跟同龄人相处和其他一些重要问题的有用的建议。他们会厌烦你不停地给他们建议，甚至当他们真正需要的时候，他们也不会开口向你寻求帮助。

回顾一下我们之前的例子。当然，决定未来是否要结婚完全取决于凯萨琳自己。她的妈妈可能会跟凯萨琳讲她自己的经历，但当凯萨琳准备好要结婚时，要说服她不结婚是不可能的。妈妈的经历是她自己的事，也是她自己的人生，而未来某一天凯萨琳必须要自己做决定。

至于罗伯特的行李箱——不管他是如何整理的，他都能自己承担后果。他忘了带毛衣，所以他就只能从其他人那里借一件……那么下一次他就不会忘了要带毛衣。

事情丢给我解决就行……
一点都不麻烦的

变体

- 我一天之内洗6次碗都没什么关系，我的孩子正在看电视。
- 因为我家里人想要吃夜宵，所以晚上11点让我做煎饼我也不嫌麻烦。
- 我可以连续3年穿同一双鞋子，而我的孩子这个秋天已经买了两双很贵的跑鞋了。
- 晚餐吃烧鸡的时候，我可以只吃鸡翅和鸡脖子。
- 为了孩子牺牲再多都无所谓。

意图

- 我们想把最好的都给孩子，并保护他们不受任何伤害。
- 我们想要孩子比我们过得更好。

实例

李莉和苏珊（姐妹俩一个15岁，一个16岁）都看起来像是时尚杂志封面的时尚女郎。她们俩的衣服花销是家里沉重的经济负担（她们的爸爸是个办公室职员，她们的妈妈是个家庭主妇，靠做针线活赚点外快）。他们谦逊的外表和节俭的生活方式跟他们的两个宝贝女儿形成了鲜明的对比。

事实

可怜天下父母心，全天下几乎所有的父母都希望自己的子女过得比自己好，都想要把最好的留给孩子，让他们过得幸福，这些都是完全可以理解的。

在我们满心欢喜地给孩子买了他们一直想要的手机、MP3或MP4、跑鞋时他们开心的笑脸、拥抱和亲吻就能轻易地给我们带来幸福感和满足感。当然了，如果我们给自己买了这些东西，我们也一定会更开心的。这种我们和孩子都感觉到的开心和幸福怎么就成了误区呢？

其实很简单。如果你计划把你工资的1/4、1/3或者一半拿来给孩子买手机，而实际上你不能或不应该这样去做。给孩子买很贵的礼物实际上是在讨他们的欢心和喜欢，也是为我们觉得对他们有所亏欠（关注、更好的生活等）而做的补偿。我们以为给孩子买很昂贵的东西，可以让他们更开心、更自信。那我们达到目的了吗？很显然没有达到吧。如果真是那样的话，人们的幸福指数及自信程度就会跟他们物质的富裕程度成正比。我们经常会看到一些虽然很富裕却不幸福和满足的人，也会看到一些虽没有最新潮流行的手机或跑鞋却依然幸福快乐的人。不管怎样，家里有十几岁孩子的父母应该很清楚要拒绝他们的请求有多困难。此外，要我们承认某些东西（特别是这个东西对孩子来说很重要）对我们来说太贵了也是比较困难的，因为这样我们就相当于表明了自己的无能和失败。“我的童年已经很艰苦了，为什么我的孩子还要像我一样……”或“为了孩子牺牲再多都无所谓”，有时候父母类似这样的想法会让他们更快地下决心给孩子买贵点的东西。除了要承担具体的负担之外，比如欠债或没钱买你真正需要的东西，你已经开始给孩子灌输一种错误的价值观，这会在以后的生活中给他们带来严重的危害。

只有当你给孩子以关爱、照顾和温暖时，他们才能拥有自信、安全感和积极乐观的心态。通过以身作则来给孩子灌输和谐家庭观念和正确的社会价值观是很重要的。但这并不是说你就不能给孩子买手机或者跑鞋，而是说你要买你可以负担得起的手机或跑鞋。

除了给孩子买贵重东西之外，我们有时也会惯着孩子，不让他们做任何家务活。每次我们下班回家，就匆忙钻进厨房做好饭，吃完饭后，我们开始洗碗、打扫房间、熨烫衣服，而我们的孩子却在一旁看电视或打游戏。这样我们会传达给孩子一种什么样的信息呢？孩子会以为我们父母是不需要放松的人，不需要看书、散步或是去看电影……或为我们自己做其他任何事情，他们还会以为宠惯孩子是我们父母生活中唯一仅有的任务。如果我们把自己当成是擦鞋垫，那就不要怪其他人也把你当成是擦鞋垫，包括那些跟你生活在一起的人。

另一个父母投入过多时间和精力的地方就是孩子的家庭作业。仔细听许多父母讲的话，你会误以为他们自己要再次去上学。那他们究竟要上多少次学呢？这就得看他们有几个孩子了！他们会花好几个小时跟孩子一起学习，即使孩子已经上了中学或大学。他们会跟孩子一起学习，测验孩子所学的知识，和孩子一起做他们的手工艺品作业……如果课程对孩子来说太难，父母会毫不犹豫地花钱给他们请家教。现在父母除了要养家糊口、供给家人的衣食住行外，还多了个根本不是他们职责的额外的责任（而且这个责任还不轻）——再次去上学。

当然了，你肯定不会让小学一年级的孩子去自己做作业，你会去帮忙辅导他们的。但你的首要任务不是去辅导他们的功课，而应该是教会孩子如何学习，如何提高学习效率，如何养成良好的学习习惯。

这是一个需要时间的过程，但你必须要时刻关注最终的目标：就是让孩子学会尽可能独立又有效地完成他们自己的任务。如果你认为你应该帮助孩子完成他的学业，并替他们承担越来越多的负担，你的孩子将会变得很被动，很依赖于你。

这是个误区吗？

如果你给孩子买很贵的东西，却几个月甚至是几年没给你自己买所需要的东西；如果你的孩子从不做家务活；如果你家里的其他人从不为你着想，而你却时常为他们考虑；如果你孩子的学校义务也是你的义务——那你正处在误区之中。

孩子的行为表现

被宠坏了、懒惰、自私、被动、不负责任、无法接受愿望不被满足、学习习惯差、不自立。

可能的结果

可能会出现以下的结果：学习成绩不好、缺乏理想抱负、情感和社交能力的不成熟；在以后的生活中，很难建立和维持与他人的关系，不成熟的婚姻关系，逃避和推卸责任（把自己的失败归咎于他人：老师、父母、另一半、老板、孩子、同事……）

走出误区

不要替孩子承担他们在学校应该要承担的责任和义务。他们的作业是他们自己的而不是你的。让孩子自己去做安排，自己操心月考和期末考……不要太频繁地给孩子请家教，除非孩子能清楚地说明自己哪里有问题，哪些地方还不懂。但这也不应该成为你逼迫孩子去学习的理由。你应该要知道孩子在学校的责任，但同时要记得去上学的是他们，而不是你。不要总是给他们帮助，或直接替他们做作业。赞扬孩子为自立所取得的每一点进步。对于孩子来说，靠自己独立完成的事情就算只得了个“B”或“C”也比在你的帮助下或干脆由你代替他们完成而得了个“A”要更好。

- 不要给孩子买太贵的礼物。记住生命中最重要的东西是用钱买不到的。给孩子买很贵的礼物并不会让他们感觉到安全、自信和满意。教给孩子存在的价值和真诚的世界观，最重要的是要以身作则，给孩子树立个好榜样。
- 分担家务活。随着孩子慢慢地长大，要逐渐地让他多干一点家务活。如果你总是自己一个人做所有的家务，那么不仅你会很累，同时还会让你的家人觉得你的需求和愿望是可以被忽视的。这对你和孩子都是不好的。不要总想着要为孩子做牺牲，其结果通常是我们不愿意看到的。

回顾我们之前的例子。其实没什么哲理可言——父母花钱的时候应该要量入而出，同时也要偶尔奖励或犒劳一下自己，给自己买点需要的东西。所以上述例子中的父母应该要更加关注李莉和苏珊工作能力的提高。如果她们能在假期和周末做一些兼职，她们就不仅能了

变体

- 说话小声一点——你真是令人头疼啊！
- 如果不是因为有你，我早就大学毕业了！
- 我为你做了这么多牺牲，你就是这么回报我的。

意图

- 你想要你的孩子改变对你的行为和态度。
- 你想要你的孩子感激你为他们所做的一切。

实例

麦克（35岁）是个土木工程师。他是家里唯一的孩子，爸爸早逝后他一直跟妈妈住在一起。他妈妈说：“……我告诉他可以把任何他喜欢的女孩带回家，不管是哪个我都会满意的……我也告诉他：儿子，我究竟做错了什么让你不愿意给我抱孙子？……”

事实

要为你的感受及你对自己所做事情的满意程度负责的是你自己，而不是你的孩子。

在“你就是这么回报我的”背后，是父母深深的失望和无奈，也经常伴随着他们的苦涩和心酸。而其他的误区——家庭关系的长期不和，也会时常导致这些感受的出现。

我们觉得自己已经投入了大量的时间、情感和精力在孩子的身上，但却没有从他们（或是其他的家庭成员，通常是指我们的另一半）那里得到任何我们所期望的回报。

“你就是这么回报我的”这个误区产生的根源是：人们认为作为父母就是要为孩子做任何的牺牲，这种做法易于激起人们对于为了孩子而牺牲自己的父母由衷的钦佩和赞扬，但实际上这种做法却是造成家庭关系畸形和家庭成员之间无法沟通的根源，同时还会造成家庭或个人的病态心理。

孩子的出生无疑会影响你的生活。如果我们不想我们的生活发生任何的改变，那就永远不要去组建家庭。但有了孩子也并不意味着我们就必须要忽略自己所有的需求。有了孩子并不意味着你就不再拥有睡眠（除了孩子刚出生的几周，你可能会睡不好之外）、安安静静吃饭、跟朋友一起散步或喝咖啡、独自一人或是跟另一半周末出去旅行、去看电影、学外语、继续你的职业等权利。不要把孩子的出生当成是你之前生活的终结。这样一种态度会给孩子带来他本不应该承受的负担。

关于牺牲的故事通常会以各种不同的形式出现：“我生你的时候差点就……”“如果那时候不是因为你出生，我可能早就升职了”“因为要担心他的教育、婚姻、工作，害得我都得糖尿病了！”……

父母总是会犯错（比如：为了让孩子高兴就给他们买很贵的礼物；自己一人包揽所有的家务活；替孩子承担他们在学校的职责和义务；容忍孩子的无理取闹；自己搬到乡下去住，把城里的房子留给孩子住……），因为他们期望他们的孩子有一天能够记得父母为他们所做的一切并懂得感恩和回报（比如，当他们老了以后孩子能陪在他们身边；孩子能够结婚并生孩子；孩子能够懂得感恩，孝顺他们……）。但当这些期望落空时，父母就会很失望，然后可能发出这样的感叹："你就是这样回报我的！"

这是个误区吗？

如果你期望孩子能给你的生活增添意义、能帮你解决问题、能弥补你的缺憾；如果你认为自己正在为了孩子而牺牲自己的需求（不管你觉得这样做是否正确）；如果你对孩子的态度常伴随着失望、背叛和苦涩的感觉——那你正处在误区之中。

孩子的行为表现

被宠坏了、不安、不够自信；青春期之前：比较被动、过分依赖于你；青春期或过了青春期：被动、不安、跟父母关系不和；常怀有负罪和愧疚感。

可能的结果

可能会出现以下结果：精神萎靡不振（抑郁、忧伤、焦虑），沟通困难，和同伴相处不来。

走出误区

不要因为觉得人生不完整、不满足，或因为感到孤独寂寞，抑或是为了挽救破裂的婚姻或感情而选择去生孩子。填补你人生的空洞不应该是孩子的责任。

不要把为人父母当成是一件需要做出牺牲并放弃自己大多数需求的事情。给自己留点放松和娱乐的时间。虽然这通常比较难，但也不是没可能。当你有很多任务要完成时，就给自己做个优先级列表清单。当孩子睡着时，如果要你在洗碗和休息放松之间做选择，一定要选择放松。

对自己的决定和行为负责。如果你发现自己跟孩子、爱人或其他任何人之间的关系都很不愉快，不要问自己他们为什么要那样，或是问自己如何去改变他们；而是要问你自己究竟做了什么从而使自己陷入这样的境地，你应该要如何改善这种关系。这虽然做起来有点困难，但却是我们做出改变最好的开始。记住：你唯一可以改变的人不是你的孩子，也不是你的爱人，而是你自己。

从小就教育孩子要自己去做选择，要自己对自己负责。这样在遇到挫折和失败时，他们就不会把责任推到他人身上（学校老师、上司、政治家、同事、爱人、孩子、父母……）。不管我们有没有意识到，我们的一生总是不断地面临选择，然后不断地去做出选择。并不是所有的选择都很简单容易，但如果你能意识到自己正在做选择，你就能改变一些事情。

在之前的例子中，从表面看妈妈好像是在关心和疼爱麦克，但归根到底她是想试图控制麦克，并让麦克产生愧疚感。孩子是否要找伴侣或配偶不是父母能随便决定的。父母也不应该老拿想要抱孙子给孩子增加压力，让孩子产生愧疚感。通过结婚或做其他的事情来让我们开心并不是孩子的责任。他们应该去享受生活、去抓住出现在他们面前的机遇，并自己决定该为什么事负责。而我们作为父母同样也应该那样去做。

如何避免误区

要知道尽管在这个世界上，你爱你的孩子胜过其他任何的事，但家庭的根基仍是你和你的爱人，而不是你的孩子。不管家里有几个孩子，也不管孩子多大了，你们除了是他们的父母外，还是夫妻，所以要抽出一点时间留给彼此，培养你们彼此之间的感情，而不只是谈论孩子。要这样通常不容易，因为你总是被各种责任和义务缠身，但培养你和另一半之间的关系也是至关重要的。

遇到事情要互相讨论商量，不要仅仅把它们当成是理所当然的。这样就可以避免出现一些能轻易就演变成大问题直至威胁到你们之间感情的小问题。例如，在孩子出生以前，你应该跟你的另一半讨论你自己对将会出现的一些问题的观点和看法：父母双方各自应该对孩子承担的责任有哪些；你是否赞成在孩子哭时把孩子抱起来；孩子在半夜哭的时候要怎么办；孩子是否要跟你一起睡；什么时候可以允许有访客……这样就可以避免一些不愉快的矛盾。例如，你认为在你出院之后，你妈妈搬过来一段时间并帮你照顾婴儿是很平常的事，但你的另一半却认为你们一家三口应该单独待在一起……如果让一些不愉快的小矛盾演变成争吵，就很容易导致夫妻之间严重的不和。所以不要把任何事都当成是理所当然，而是要坐下来彼此一起讨论商量。

和孩子沟通

虽然整本书都是在讨论父母跟孩子的沟通，但仍值得再次指出它的重要性。在此，我们将简要做个总结，改善和孩子的沟通技巧也可以改变父母的管教技巧。

管教方法不是学校教的，也不是继承来的，但我们可以尽我们最大的努力去改善它们。尽管要改善它们并不是件容易的事，但我还是要提出想成为好父母所必备的两个条件：一个是对孩子无条件的爱和接受，另一个就是给孩子立规矩。

- 无条件的爱和接受为孩子的全面发展和你们彼此之间关系的建立奠定最坚固的基石。孩子应该要知道你无条件地爱他们并接受他们，他们不需要非得做些什么才能赢得你的爱。你应该用你所能想到的各种方法向孩子表达你对他们的爱。不要想当然地以为，就算你不说，你的孩子也知道你爱他们。不要羞于向孩子表达你对他们的爱。大胆地表达你对孩子的爱并不时和他们进行沟通能让你的孩子更自信、更满足。
- 立规矩对于孩子个性的养成是至关重要的。父母要负责给孩子立规矩、定约束，告诉他们什么行为是得体的，什么行为是不得体的。承担起这个责任并教会孩子辨别是非对父母来说是很重要的。让孩子

完美的父母

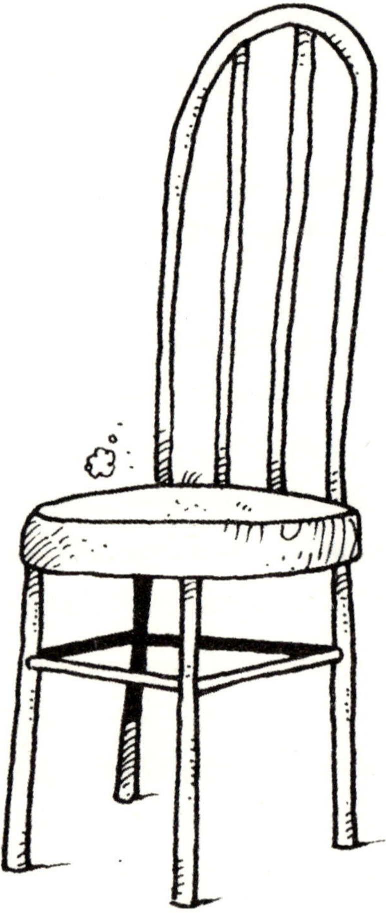

完美的父母确有存在——但只存在于电视广告中。

在现实生活中，我们父母是活生生的人，而从来人无完人。有时候我们会愤怒、会沮丧、会难过，我们想要所有人（甚至是我们的孩子，或者尤其是我们的孩子）通通从我们眼前消失，有时我们也会不安、会不耐烦、会疲劳，甚至会打孩子，还有时我们会觉得茫然不知所措……就因为这些，我们便成了坏父母吗？当然不是了。

就算我们用“好……更好……最好……”来描述父母，事情都不是清晰明了的。在一个孩子眼里是好父母，在另一个孩子眼里未必就是好父母，更不用说是最好的父母了……

但我们仍然可以试着去成为更好的父母。

这里的更好并不是说要比我们的朋友或邻居更好，而是要比我们之前更好。乐意去改变、愿意去寻找更好的解决办法、能灵活应变就可以让我们成为更好的父母。如果我们愿意去改变，我们就可以纠正所犯的错，并更好地去适应孩子，关注他们在成长过程中所发生的改变。

也许最重要的是：不要把养育孩子当成是一项充满挑战和困难的工作或任务，而是要回归到事情最本质的东西上——放松自己，好好去享受孩子带给你的乐趣。时间过得飞快，我们当初从医院抱回家的小东西逐渐地学会吃饭、走路，然后上幼儿园、上小学，学会骑自行车，开始恋爱，开始刮胡子……

这每一个时刻都是珍贵无比的，等到我们老的那一天，这些经历将会成为我们最珍贵的拥有。总之，除了尽最大的努力去做一个好父母之外，千万不要忘了放松自己，好好享受跟孩子在一起的时光。